AF254004

# LA FRANCE

## DRAMATIQUE

### AU DIX-NEUVIÈME SIÈCLE,

*Choix de Pièces Modernes.*

*Opéra-Comique.*

#### CENDRILLON,

OPÉRA-FÉERIE EN TROIS ACTES.

956—957.

PARIS,

## C. TRESSE, ÉDITEUR,

ACQUÉREUR DES FONDS DE J.-N. BARBA ET V. BEZOU,

SEUL PROPRIÉTAIRE DE LA FRANCE DRAMATIQUE,

PALAIS-ROYAL, GALERIE DE CHARTRES, Nᵒˢ 2 ET 3,

Derrière le Théâtre-Français.

**1845.**

# CENDRILLON,

## OPÉRA-FÉERIE EN TROIS ACTES,

### PAROLES DE M. ÉTIENNE,

### MUSIQUE DE NICOLO ISOUARD, DE MALTE,

Représenté pour le première fois, sur le théâtre impérial de l'Opéra-Comique, par les comédiens ordinaires de sa majesté l'empereur et roi, le 22 février 1810, et repris le 2 mars 1845, sur le théâtre de l'Opéra-Comique.

---

### DISTRIBUTION DE LA PIÈCE.

| Personnages. | Acteurs. | |
|---|---|---|
| | 1810. | 1845. |
| RAMIR, prince de Salerne............. | MM. PAUL. | MM. AUDRAN. |
| ALIDOR, son précepteur, grand astrologue. | SOLIÉ. | GRARD. |
| DANDINI, écuyer du prince............ | LE SAGE. | SAINTE-FOY. |
| LE BARON DE MONTEFIASCONE........ | JULIET. | GRIGNON. |
| CLORINDE, sa fille aînée.............. | Mmes DURET. | Mmes CASIMIR. |
| TISBÉ, sa fille cadette................. | REGNAULT. | RÉVILLY. |
| CENDRILLON, sa belle-fille........... | ALEXANDRINE ST-AUBIN. | DARCIER. |

SEIGNEURS, PAGES, ÉCUYERS ET DAMES DE LA COUR.

La scène est chez le baron de Matefiascone, dans un vieux castel.

---

## ACTE PREMIER.

Au lever de la toile, Clorinde et Tisbé sont assises sur le devant du théâtre à gauche ; l'une ajuste des dentelles à une robe de velours rouge, l'autre met une garniture de fleurs à une tunique bleue céleste. — Au coin du théâtre, à droite, on voit une cheminée devant laquelle Cendrillon est assise sur un petit tabouret ; elle est occupée à souffler le feu, et à préparer un déjeûner. — Il doit y avoir une toilette à gauche du théâtre, et une glace avant la cheminée.

### SCÈNE I.

**CLORINDE, TISBÉ, CENDRILLON.** *

#### TRIO.

**CLORINDE et TISBÉ.**

Arrangeons ces fleurs, ces dentelles ;
Ah ! ma sœur, que nous serons belles !
Ces robes nous iront au mieux ;
Nous allons fixer tous les yeux.

**TISBÉ.**

Ma parure sera nouvelle.

**CLORINDE.**

Dans la mienne l'or étincelle.

* Les acteurs sont indiqués comme ils doivent être en scène.

#### ENSEMBLE.

Nous allons fixer tous les yeux.

**CENDRILLON**, tisonnant toujours, chante.

Il était un p'tit homme
Qui s'appelait Guilleri,
Carabi.
Il allait à la chasse,
A la chasse aux perdrix,
Carabi,
Tôt, tôt, carabo,
Marchand caraban ;
Compère Guilleri,
Te lairas-tu mouri ?

**TISBÉ et CLORINDE.**

Taisez-vous, Cendrillon ;
Petite impertinente !

Avec sa vieille chanson,
Dieu! qu'elle m'impatiente!

CENDRILLON.

Te lairas-tu mourir?

TISBÉ et CLORINDE.

Voulez-vous bien finir?

CENDRILLON.

Il monta sur un arbre
Pour voir son chien couri,
Carabi.
Mais v'là qu'la branche casse,
Guilleri tombi,
Carabi,
Tôt, tôt, carabo,
Marchand caraban.
Compère Guilleri,
Te lairas-tu mouri?

oo ooɔooɔoooooooɔoooooooooooooooɔooɔooɔ ooooooooooooooo

## SCÈNE II.

### LES MÊMES, ALIDOR.

ALIDOR paraît à la porte, déguisé en vieux mendiant. Il chante.

Ayez pitié de ma misère:
Transi de froid, mourant de faim,
Je demande un morceau de pain.
Soyez sensible à ma prière;
La charité, s'il vous plaît.

CENDRILLON.

Ah! qu'il m'inspire d'intérêt!
Hélas! de rien je ne dispose;
Mes sœurs, donnez-lui quelque chose.

CLORINDE et TISBÉ.

Ici, nous sommes assaillis
Par tous les pauvres du pays.

LE PAUVRE.

Ayez pitié de ma misère,
Soyez sensible à ma prière;
La charité, s'il vous plaît.

CENDRILLON.

Ah! qu'il m'inspire d'intérêt!

CLORINDE et TISBÉ.

Comment! encore?... il insiste.

CENDRILLON.

Que lui dire?

CLORINDE et TISBÉ.

Dieu vous assiste.
Ah! que le bal sera charmant!
Dieu! que d'éclat, que de richesse!
(Cendrillon va à la porte où est le pauvre.)

LE PAUVRE.

Chère enfant, voyez ma détresse.

CENDRILLON, le faisant entrer.

Ah! j'ai pitié de sa vieillesse.
Entrez, entrez... bien doucement.

CLORINDE.

Ah! oui, le bal sera charmant!
Le jeune roi doit y paraître.

TISBÉ.

Il nous remarquera peut-être.

CENDRILLON.

Pauvre vieillard! il est transi;
Chauffez-vous, mettez-vous ici.
(Elle le fait asseoir sur sa petite chaise, et lui donne
du café qui est devant le feu.)
Buvez cela, prenez ceci.

LE PAUVRE.

Qu'elle est aimable... Ah! grand merci!

CENDRILLON se met devant lui pour qu'on ne le
voie pas.

Chut!
Il était un p'tit homme, etc.
(Clorinde et Tisbé, se lèvent.)

CLORINDE.

Ma robe est à ravir;
Est-il de plus belles dentelles?

TISBÉ.

Est-il des fleurs aussi nouvelles?
Ah! ma sœur, que nous serons belles!

CENDRILLON.

Te lairas-tu mourir?

CLORINDE et TISBÉ.

Voulez-vous bien finir?
Qu'elle m'impatiente!

CENDRILLON.

Buvez, buvez!... Ah! que je suis contente!

CLORINDE et TISBÉ.

Comment donc! le pauvre est ici?

CENDRILLON.

Mon Dieu! c'est qu'il était transi.
Partez! partez!

LE PAUVRE.

Ah! grand merci!

CLORINDE et TISBÉ, à Cendrillon.

Vous agissez toujours ainsi.

LE PAUVRE.

Je pars: que la paix soit ici.

CLORINDE et TISBÉ.

O ciel! quelle insolence!
Voyez quelle imprudence!
Bientôt on nous volera:
Vous êtes détestable.

LE PAUVRE.

Moi seul, je suis coupable.

CLORINDE et TISBÉ.

Voyez s'il s'en ira!

CENDRILLON.

Pourquoi gronder? il partira.

LE PAUVRE.

Ma chère enfant, soyez tranquille;
Restez en paix dans cet asile.
Vous avez un bon cœur, tout vous réussira;
Le ciel vous récompensera.

(Il sort.)

## SCÈNE III.

Les Mêmes, Le BARON, en robe de chambre
et en bonnet de velours.

**LE BARON.**

Quel est donc ce tapage que vous faites là depuis une heure? Vous m'avez réveillé dans le
moment où je faisais le plus beau rêve... Je parie
que c'est encore Cendrillon!

**CLORINDE.**

Oui, mon père... c'est elle-même.

**CENDRILLON.**

Monsieur, je vous jure...

**LE BARON.**

Paix! vous avez tort. Bonjour, Clorinde.

**CENDRILLON.**

Mais vous ne savez pas...

**LE BARON.**

Vous avez tort, vous dis-je. Bonjour, Tisbé...
Vous voilà éveillées de bon matin, mes enfans...
Ah! ah! je ne m'en étonne pas; la veille d'un
bal, les filles ne dorment guère... les menuets, les
rondes, les sarabandes, tout cela leur trotte dans
la tête... Cendrillon, donne-nous à déjeûner.

**CENDRILLON.**

Oui, monsieur.

(Cendrillon apporte des tasses, du café, et met la
table.)

**CLORINDE.**

Mon père, ma robe sera charmante.

**TISBÉ.**

La mienne sera délicieuse. —

**CLORINDE.**

J'ai de superbes dentelles.

**TISBÉ.**

J'ai des perles magnifiques.

**LE BARON.**

Tout cela me coûte bien cher, mes enfans; mais
n'importe, il n'est rien que je ne sacrifie pour
vous faire paraître, pour soutenir l'honneur de
votre haute naissance... Je vous ai donné une
brillante éducation, je vous ai donné des talens,
parce que, voyez-vous, les talens sont tout... il
n'y a que les talens... Je le sais bien, moi; toute
ma vie j'ai été un ignorant; aussi me suis-je
ruiné pour vous faire apprendre quelque chose...
Dépêche-toi donc, Cendrillon.

**CENDRILLON.**

Oui, monsieur.

(Cendrillon met la table contre la cheminée.)

**CLORINDE.**

Comment! mon père, vous êtes ruiné?

**LE BARON.**

Pas encore tout à fait... (Ils se mettent à table, à

l'exception de Cendrillon.) mais peu s'en faut...
Au reste, si je ne suis plus riche, je suis toujours
noble, et c'est l'essentiel. (A Cendrillon.) Allons,
verse.

**CLORINDE.**

Oh! la maladroite!

**TISBÉ.**

Faites donc attention à ce que vous faites!

**CENDRILLON.**

Aussi vous me pressez tant!...

**LE BARON.**

Comment! c'est là tout le déjeûner?

**CENDRILLON.**

Oui, monsieur; c'est que je...

**CLORINDE.**

Je m'en vais vous le dire, mon père.

**TISBÉ.**

Elle a donné le reste à un vieux mendiant
qu'elle a fait entrer ici malgré nous.

**CLORINDE.**

C'est pour cela que nous la querellions lorsque
vous êtes entré.

**LE BARON.**

Mânes de mes aïeux! un mendiant dans mon
château!

**CLORINDE.**

Tous les jours, elle accueille ici une foule de
vagabonds...

**CENDRILLON.**

C'est qu'il y a tant de malheureux!

**TISBÉ.**

Ces misérables-là ont tous une histoire lamen-
table qu'ils racontent à tout propos, et elle en est
sottement la dupe.

**CLORINDE.**

L'autre jour, je l'ai encore surprise portant à
la vieille concierge la moitié de notre dîner.

**CENDRILLON.**

Elle est si pauvre! si infirme!...

**LE BARON.**

Apprenez, mademoiselle, que vous n'avez pas
le droit de donner la moindre chose ici... Pour
votre punition, vous n'aurez rien.

**CLORINDE et TISBÉ.**

Non, vous n'aurez rien.

**LE BARON.**

Allons, retournez au coin du feu.

**CENDRILLON, en retournant dans son coin.**

Ça m'est égal... le bon vieillard a déjeûné, je
mangerai mon pain sec.

(Elle s'assied auprès du feu, et mange une croûte.)

**CLORINDE.**

Mon père, n'avez-vous pas entendu ce matin
le bruit du cor? On dit que le roi chasse dans la
forêt.

**LE BARON.**

Voilà bien un jeune prince! Arrivé d'hier, il

chasse aujourd'hui, donne un bal ce soir, et se marie demain.

TISBÉ.

Il se marie demain ?    (Ici on se lève de table.)

LE BARON.

Oui, mes enfans. Son père lui a ordonné, par un article formel de son testament, de prendre une femme dans un mois, et c'est aujourd'hui le terme fatal ; voilà pourquoi il réunit ce soir, dans une fête, toutes les jeunes filles nobles de sa principauté.

CLORINDE.

C'est donc pour cela que nous sommes invitées ?

LE BARON.

Certainement.

TISBÉ.

Dites-moi, le roi est-il beau ?

LE BARON.

Cela se demande-t-il ?

TISBÉ.

Vous l'avez donc vu ?

LE BARON.

Non.

CLORINDE.

A-t-il de l'esprit ?

LE BARON.

Cela va sans dire.

CLORINDE.

Vous le connaissez donc ?

LE BARON.

Non ; mais je sais qu'il a été élevé par le sage Alidor.

TISBÉ.

Qu'est-ce que c'est que le sage Alidor ?

LE BARON.

C'est un savant, c'est un homme dont on raconte des choses fort extraordinaires ; il sait toutes les langues, il lit dans les astres ; on dit même qu'il est en intelligence avec des génies. Je ne le connais pas non plus ; dès l'âge de neuf ans, le jeune prince fut confié à ses soins ; il l'a d'abord conduit à Padoue, pour y faire ses premières études ; depuis ce temps, ils ont constamment voyagé, et ce n'est que lorsqu'ils ont appris la mort du dernier roi, qu'ils sont revenus à la cour.

CLORINDE.

Comment ! mon père, il faut que le prince se marie demain ?

LE BARON.

Il le faut, et j'espère bien que l'une de vous fixera son choix.

CLORINDE.

Oui, en effet, ma sœur pourrait bien lui plaire.

TISBÉ.

Pas plus que vous, ma sœur.

LE BARON.

Eh ! qui pourrait vous disputer sa main ? qui mieux que vous, mes filles, a tout ce qu'il faut pour rendre un mari heureux ? Est-il une femme qui danse, qui chante aussi bien que vous ?

CLORINDE.

Ah ! mon père...

TISBÉ.

Mais cette alliance...

LE BARON.

Est très sortable... Je suis aussi noble que le roi, si je ne le suis pas davantage ; hier encore, je me suis endormi en lisant mes parchemins, et j'y ai vu très clairement que nous avions eu dans notre famille des princes on ne peut pas plus illustres, car nous descendons en droite ligne de Charles-le-Simple par les hommes, et de Frédéric-le-Cruel par les femmes, et nous n'avons pas dégénéré, mes enfans. (On entend un bruit de cor.) Qu'entends-je ?

CENDRILLON, regardant à la porte du fond.

Ah ! mon Dieu ! qu'est-ce que c'est que cela ?

CLORINDE.

C'est peut-être le roi qui passe ?

CENDRILLON.

C'est une troupe de beaux messieurs à cheval ; ils viennent ici.

LE BARON.

Ils viennent ici ?...

CLORINDE.

Ah ! ciel ! moi qui suis dans un négligé à faire peur !

TISBÉ.

Ah ! Dieu ! si l'on me voyait habillée de la sorte !

LE BARON.

Et moi donc ! qui suis en robe de chambre et en bonnet de nuit !... Cendrillon !...

CENDRILLON.

Monsieur ?...

CLORINDE et TISBÉ.

Cendrillon !...

CENDRILLON.

Ma sœur ?... mamselle ?...

CLORINDE, en s'en allant.

Tu vas venir me lacer.

CENDRILLON.

Oui, mamselle.

TISBÉ, en sortant.

Tu vas m'apporter mes bouffantes.

CENDRILLON.

Oui, mamselle.

LE BARON, en s'en allant.

N'oublie pas ma perruque.

CENDRILLON.

Non, monsieur.

## SCÈNE IV.

### CENDRILLON, seule.

En vérité, on ne sait auquel entendre... Ah !
mon Dieu ! mon Dieu ! si on allait trouver la
chambre comme cela ! dépêchons-nous d'ôter la
table... On entre ici, cachons-nous.

## SCÈNE V.

### ALIDOR, CENDRILLON, LE PRINCE.

ALIDOR, bas au prince.
Prince, vous l'avez désiré, nous voilà dans le
château du baron.

LE PRINCE.
Qu'il me tarde de voir ses filles ! on dit qu'elles
sont charmantes.

ALIDOR.
Vous les verrez.

LE PRINCE.
Eh ! quelle est cette petite ?

ALIDOR.
C'est la plus jeune des trois sœurs.

LE PRINCE.
Approchez-vous, la belle enfant.

CENDRILLON.
Non, monsieur... je m'en vas.

ALIDOR.
Est-ce que nous vous faisons peur ?

CENDRILLON.
Oh ! non ; mais c'est que mesdemoiselles m'attendent.

LE PRINCE.
Vous n'êtes donc pas une des filles de la maison ?

CENDRILLON.
Non, monsieur ; je l'étais, mais je ne la suis
plus.

ALIDOR.
Vous ne l'êtes plus ?

LE PRINCE.
Eh ! comment cela se peut-il ?

CENDRILLON.
C'est que, voyez-vous, M. le baron a eu deux
filles d'un premier mariage ; il a épousé en secon-
des noces ma mère, qui était veuve, et dont j'étais
l'unique enfant. Ah ! mon Dieu ! je crois que je
m'embrouille.

ALIDOR.
Point du tout ; cela est fort bien.

LE PRINCE.
Ensuite ?

CENDRILLON.
Hélas ! j'avais à peine sept ans, que ma pauvre
mère mourut, et je suis restée orpheline avec
deux sœurs et un beau-père.

LE PRINCE, à part.
Pauvre enfant !

ALIDOR.
Et vos sœurs ?

CENDRILLON.
Mes sœurs ? oh ! c'est bien différent !... ce sont
deux grandes dames ; elles ont des diamans, de
beaux habits, de belles parures ; et puis... elles
ont des talens...

LE PRINCE.
Et vous ?

CENDRILLON.
Oh ! moi, on n'en parle pas.

### ROMANCE.

Je suis modeste et soumise ;
Le monde me voit fort peu,
Car je suis toujours assise
Dans un petit coin du feu :
Cette place n'est pas belle,
Mais pour moi tout paraît bon :
Voilà pourquoi l'on m'appelle
La petite Cendrillon.

Mes sœurs des soins du ménage
Ne s'occupent pas du tout.
C'est moi qui fais tout l'ouvrage,
Et pourtant j'en viens à bout.
Attentive, obéissante,
Je sers toute la maison,
Et je suis votre servante,
La petite Cendrillon.

(On entend la voix du père et des sœurs qui appellent
Cendrillon.).

CENDRILLON.
On y va !

LE PRINCE.
Continuez.

CENDRILLON.
C'est en vain que je m'empresse ;
Mon zèle est bien mal payé,
Et jamais on ne m'adresse
Un petit mot d'amitié.
Mais n'importe, on a beau faire ;
Je me tais, et j'ai raison.
Dieu protégera, j'espère,
La petite Cendrillon.

LE BARON et SES FILLES, continuant d'appeler.
Allons donc, Cendrillon !

CENDRILLON.
Oui... Eh ! mon Dieu, on m'appelle encore ! je
vais être grondée.

ALIDOR.
Allez, allez, ma chère enfant.

LE PRINCE.

Si l'on vous dit quelque chose, je prendrai votre défense.

CENDRILLON, faisant la révérence.

Monsieur est bien bon. (A part, en sortant.) Il est gentil, ce jeune seigneur-là.

ooooooooooooooooooooooooooooooooooooooooooooooooooo

## SCÈNE VI.

### ALIDOR, LE PRINCE.

LE PRINCE.

Elle est charmante; se pourrait-il que ses deux sœurs, dont on vante partout les grâces...

ALIDOR.

Mon fils, le monde ne juge que sur les apparences : le langage naïf de cette enfant ne serait jamais parvenu jusqu'à vous, sans le déguisement que je vous ai fait prendre en arrivant dans cette cour. Confondu dans la foule, que de choses vous découvrirez encore! Ah! mon prince, croyez-moi, vous en saurez plus par ces deux jours d'épreuve, que quinze années de mes leçons ne vous en ont appris. J'ai fait à dessein passer pour vous votre sénéchal Dandini, le plus maniéré, le plus sot des hommes de votre suite.

LE PRINCE.

Mais croyez-vous qu'il puisse soutenir le personnage difficile dont vous l'avez chargé? Il est si simple, si ridicule; il a si peu d'usage...

ALIDOR.

Il n'en est pas moins comblé de louanges. Apprenez, par les flatteries qu'on lui prodigue, le cas que vous devez faire un jour de celles dont on cherchera à vous enivrer : un seigneur plus accompli n'aurait pas atteint mon but; il me fallait un homme de cette espèce pour l'épreuve que je veux faire. Vous le voyez, déjà les savans vantent sa science; les hommes du monde admirent ses manières; les femmes le trouvent adorable.

LE PRINCE.

Les femmes!... quelle idée mon père a-t-il eue de me fixer un si court délai pour en choisir une?... Fatale situation! A peine arrivé, j'apprends hier qu'il faut que je sois marié demain. O mon cher maître! dites-moi donc où je pourrai trouver une femme bonne, douce, modeste, vertueuse; qui ne soit ni vaine, ni coquette, ni dissimulée?...

ALIDOR.

Prince, vous êtes exigeant.

LE PRINCE.

Eh quoi! votre profond savoir, votre puissance magique...

ALIDOR.

Mon fils, il est plus aisé de lire dans les astres que dans le cœur des femmes. On ne peut faire, à cet égard, que des épreuves morales. Ce soir, sous l'habit d'un simple écuyer, vous verrez réunies toutes les belles de vos états... Cherchez à plaire; si vous réussissez, vous serez du moins certain d'être aimé pour vous-même.

LE PRINCE.

O mon père! je mets toute ma confiance en vous.

### DUO.

ALIDOR.

Mon fils, que ce moment est doux!
Vous n'avez pas un ami plus sincère.

LE PRINCE.

Je crois toujours, auprès de vous,
Que je n'ai pas perdu mon père.

ALIDOR.

Ah! je vous aime comme un père.
Mon fils, que ce moment est doux!
Puisse une femme accomplie,
Faire le charme de vos jours!
Puisse une épouse chérie,
En embellir long-temps le cours!

LE PRINCE.

Je conserverai dans mon âme
Le souvenir de vos bienfaits.
Il est un bien que je réclame,
Près de moi restez à jamais.

ALIDOR.

Je ne vous quitterai jamais.

LE PRINCE.

Promettez-moi de guider ma jeunesse.

ALIDOR.

Oui, je vous en fais la promesse.
Mon fils que ce moment est doux!
Vous n'avez pas un ami plus sincère.

LE PRINCE.

Je crois toujours, auprès de vous,
Que je n'ai pas perdu mon père.

ALIDOR.

Oui, je vous aime comme un père.

### ENSEMBLE.

LE PRINCE.

Vous qui lisez dans le fond de mon cœur,
O dieu puissant! écoutez ma prière :
Conservez-le pour mon bonheur.

ALIDOR.

Vous qui lisez dans le fond de mon cœur,
O dieu puissant! écoutez ma prière :
Conservez-moi pour son bonheur.

ALIDOR.

Mais j'entends le baron et ses deux filles qui s'avancent; prenez garde de vous trahir.

## SCÈNE VII.

LE PRINCE, ALIDOR, LE BARON, en vieil habit de cour, CLORINDE, TISBÉ.

ALIDOR.

Est-ce à monsieur le baron de Montefiascone que nous avons l'honneur?...

LE BARON.

Oui, messieurs; puis-je savoir qui vous êtes?

ALIDOR.

Je me nomme Alidor.

LE BARON.

Alidor! Quoi! vous seriez ce sage, ce savant... cet homme illustre... dont les talens, les lumières... les... J'ai l'honneur de vous présenter mes filles... comment les trouvez-vous?

ALIDOR.

Elles sont mises à merveille.

LE BARON.

Ah! ah! c'est que le goût est héréditaire dans notre famille.

LE PRINCE, à part.

On s'en aperçoit.

LE BARON, à Alidor.

Que je suis ravi de voir l'homme qui a fait de notre jeune roi le prince le plus accompli! Monsieur est sans doute l'un des premiers seigneurs de sa cour?

ALIDOR.

C'est un écuyer.

LE BARON, avec un ton familier.

Bonjour, mon ami.

CLORINDE, qui le regardait, se retournant avec dédain.

Oh! ce n'est qu'un écuyer... je m'en étais doutée; il a un air commun!...

LE BARON.

Homme vénérable! m'apprendrez-vous ce qui me procure l'avantage...

ALIDOR.

Vous allez le savoir. Le roi chasse dans la forêt; ayant entendu parler de vos filles, il a désiré les connaître.

LE BARON.

Certes, c'est beaucoup d'honneur... (A ses filles.) Entendez-vous?

ALIDOR.

Son intention est de s'arrêter ici, à son retour, et d'offrir à ces dames une place dans son carrosse, afin de les conduire à la fête qu'il donne ce soir à toute sa cour.

LE BARON.

Comment! le roi viendrait...

ALIDOR.

Oui, vous dis-je.

LE BARON.

Il viendrait lui-même?...

TISBÉ.

Entends-tu, ma sœur, dans le carrosse du roi?

CLORINDE.

Ah! je ne me sens pas de joie.

ALIDOR.

J'ai cru devoir vous prévenir de cet insigne honneur, et je me suis écarté de la chasse pour vous l'annoncer.

LE BARON.

Que d'obligation!

ALIDOR.

Maintenant, nous allons rejoindre Son Altesse.

LE BARON.

Je vous accompagnerai, si vous le permettez. J'irai moi-même recevoir le prince sur les limites de mon territoire.

ALIDOR.

Ne vous donnez pas tant de peine, n'allez pas si loin.

LE BARON.

Oh! ce n'est qu'à deux pas d'ici... Mais ne perdons pas de temps, je sais ce que prescrivent l'étiquette et le cérémonial.

ALIDOR.

Je vous guiderai, si vous le permettez.

LE BARON.

Je vais vous suivre. (A Clorinde et à Tisbé.) Entendez-vous, mes filles? le roi lui-même!

LE PRINCE, à part.

Qu'ai-je entendu? comme on m'avait trompé! (Au moment où le prince va pour sortir, le baron passe devant lui sans cérémonie.)

## SCÈNE VIII.

### CLORINDE, TISBÉ.

DUO.

CLORINDE et TISBÉ.

Ah! quel plaisir! ah! quel beau jour!
Nous allons paraître à la cour.
Ah! ma sœur, pour vous quelle gloire!
Est-il un triomphe plus doux?
Tout nous assure la victoire;
Qui pourrait l'emporter sur nous?
Ah! ma sœur, embrassons-nous.

CLORINDE.

Vous brillez par toutes les grâces.

TISBÉ.

Les plaisirs volent sur vos traces.

CLORINDE.

Tout doit obéir à vos lois.

TISBÉ.

Vous captiveriez tous les rois.

CLORINDE.

Votre tournure est élégante.

TISBÉ.

Votre démarche est imposante.

ENSEMBLE.

Oui, tout doit fléchir sous vos lois.
Ah! ma sœur, etc.

CLORINDE.

Pour lui plaire,
Je chanterai.

TISBÉ.

Et moi, ma chère,
Je danserai.

CLORINDE.

De ma voix je suis contente.

TISBÉ.

Ma danse sera charmante.

ENSEMBLE.

Ah! quel plaisir, etc.

TISBÉ.

Ah! mon Dieu, je me suis habillée si vite!...
j'ai oublié de mettre tous mes diamans.

CLORINDE.

Moi, j'ai eu à peine le temps de me coiffer...
(Appelant.) Cendrillon!...

TISBÉ, appelant aussi.

Cendrillon!... (A Clorinde.) Ah! ma sœur, nous
verrons le roi...

CLORINDE.

Il nous donnera la main.

TISBÉ.

Comme on va nous regarder! quel honneur!

CLORINDE.

Comme toutes les femmes seront furieuses!
quel plaisir!

TISBÉ, appelant encore.

Cendrillon!...

SCÈNE IX.

LES MÊMES, CENDRILLON.

CENDRILLON.

Me voici!

TISBÉ.

Allons, vite, arrangez mes cheveux, posez mes
diamans.

CLORINDE.

Serrez-moi ma ceinture.

CENDRILLON.

Par qui faut-il que je commence?

CLORINDE et TISBÉ.

C'est par moi.

CENDRILLON.

Écoutez donc; je suis toute seule; je ne puis
vous servir que l'une après l'autre.

TISBÉ.

Aurez-vous bientôt fini?

CLORINDE.

Mais laissez-lui donc le temps.

CENDRILLON.

Ah! que vous êtes heureuses d'aller au bal!

CLORINDE.

Tu ne sais pas tout? Le roi vient nous chercher.

CENDRILLON.

Le roi!

TISBÉ.

Oui, ma chère, le roi.

CLORINDE.

Tu serais bien aise de venir, n'est-ce pas?

CENDRILLON.

Oh! oui, j'aurais bien du plaisir à voir tout ce
beau monde-là.

TISBÉ.

En effet, tu ferais là une jolie figure!

CENDRILLON.

Pourquoi donc pas! Est-ce parce que j'ai de
vilains habits? Eh bien! ma sœur, prêtez-moi seu-
lement la robe jaune que vous mettez tous les
jours, laissez-moi vous suivre; je ne dirai à personne que je vous connais; je me mettrai dans un
petit coin où l'on ne me verra pas; si vous l'exi-
gez même, je me tiendrai derrière la porte, et je
regarderai par le trou de la serrure.

CLORINDE.

Tu me fais pitié!

TISBÉ.

Vous êtes bien bonne de l'écouter.

(On entend une chasse.)

CLORINDE.

Voici le roi.

CENDRILLON.

O mon Dieu! que de monde!

TISBÉ.

Allons, allons, retournez auprès du feu, et ne
vous montrez pas.

SCÈNE X.

LE PRINCE, ALIDOR, DANDINI, LE
BARON, CLORINDE, TISBÉ; SUITE.

CHOEUR.

Oh! la belle journée!
Toujours nouveau plaisir.
La chasse est terminée,
Et le bal va s'ouvrir.
Que chacun applaudisse
Au meilleur de nos rois;
Que l'écho retentisse
Du bruit de ses exploits!

**DANDINI.**

Je suis content de ma chasse... Vous dites donc que c'est moi qui ai tué la bête?

**UN CHASSEUR.**

Oui, monseigneur...

**DANDINI.**

Oh bien! le diable m'emporte si je m'en doutais.

**ALIDOR,** bas, au prince.

Je n'en suis pas surpris; c'est vous.

**DANDINI.**

Je puis même vous dire une chose entre nous; c'est que je crois que je n'ai pas tiré.

**LE CHASSEUR.**

Je puis protester à Votre Altesse que c'est elle-même.

**DANDINI.**

Allons, puisque vous le voulez, il faut bien que cela soit... Mais laissons là la chasse, et occupons-nous des nymphes de ces bois. Baron, le sort, m'a-t-on dit, vous a fait père de deux filles charmantes?

**LE BARON.**

Elles sont devant vous, seigneur.

(Clorinde et Tisbé font une grande révérence.)

**DANDINI.**

Je vous en fais mon compliment. Voilà, parbleu! deux filles de fort bonne mine.

**LE BARON.**

Seigneur, elles sont fort honorées que par l'événement de la circonstance... de l'occasion qui fait qu'elles...

**DANDINI.**

C'est bon; je devine ce que vous voulez dire.

(Il passe entre Clorinde et Tisbé.)

**CLORINDE,** à part.

Qu'il est aimable!

**TISBÉ,** à part.

Comme il a l'air distingué!

**DANDINI.**

Mes belles demoiselles, depuis long-temps, c'est-à-dire, depuis hier, car je ne fais que d'arriver, la renommée m'avait entretenu de vos charmes. Je me suis mis en route sur-le-champ, par le temps le plus rigoureux; et si j'ai supporté le froid, c'est que je brûlais du désir de vous voir.

**CLORINDE.**

Qu'il a d'esprit!

**TISBÉ.**

Comme il parle bien!

**LE BARON,** à Alidor.

Sage Alidor, je vous félicite; voilà un élève qui vous fait honneur. Comme vous devez jouir, en admirant votre ouvrage!

**DANDINI.**

Permettez-moi, belles dames, de vous offrir le produit de ma chasse. (A deux piqueurs.) Mon carrosse.

**CENDRILLON.**

**FINALE.**

Partez, que tout s'apprête.

Mesdames, vous serez l'ornement de la fête.

**CENDRILLON.**

O ciel! excepté moi, tous partent pour la fête...

**LE BARON.**

Tu resteras,

Tu garderas,

**CENDRILLON.**

Ah! de loin, laissez-moi vous suivre.

**LE BARON, TISBÉ, CLORINDE.**

Non, non, non, tu resteras,

Tu garderas,

**ALIDOR.**

De sa présence on se délivre.

**CENDRILLON.**

Ce bois est rempli de voleurs.

**ALIDOR.**

La pauvre enfant est tout en pleurs.

**TOUS,** excepté Cendrillon.

Allons que tout s'apprête,

Partons tous pour la fête.

**CENDRILLON.**

O ciel! excepté moi, tous partent pour la fête...

**LE BARON, TISBÉ, CLORINDE.**

Vous resterez.

**ALIDOR,** bas, à Cendrillon.

Vous y viendrez.

**CENDRILLON.**

Que dites-vous?

**ALIDOR.**

Vous y viendrez.

## CHŒUR GÉNÉRAL.

Ah! l'heureuse journée!

Toujours nouveau plaisir.

La chasse est terminée

Et le bal va s'ouvrir.

(Ils partent.)

## SCÈNE XI.

**CENDRILLON,** seule.

Vous y viendrez... m'a dit ce sage;

Ah! c'est peut-être un badinage.

(Allant à la fenêtre.)

Hélas! ils sont déjà bien loin.

Retournons dans mon petit coin.

(On entend Alidor chanter dans l'éloignement.)

Ma chère enfant, soyez tranquille;

Restez en paix dans votre asile.

Vous avez un bon cœur, tout vous réussira;

Le ciel vous récompensera.

**CENDRILLON.**

Comment! le pauvre est encor là!

(Elle s'endort.)

## ACTE DEUXIÈME.

La scène se passe dans le palais du prince. — Le théâtre représente un salon magnifiquement décoré pour une fête ; à droite du théâtre est élevé un trône, sur les degrés duquel on aperçoit Cendrillon, avec une parure très élégante, elle dort profondément, et se trouve absolument dans la même position où elle s'est endormie auprès du feu, à la fin du premier acte.

### SCÈNE I.

CENDRILLON, endormie ; à gauche du théâtre, CHŒUR AÉRIEN, qui est censé chanté par des génies.

#### LE CHŒUR.

O doux sommeil, sur l'innocence
Daigne répandre tes pavots ;
Songes rians, prolongez son repos,
Et berce-la, douce espérance !

CENDRILLON, en rêvant.

Ils sont partis, plus d'espérance !

LE CHŒUR reprend.

O doux sommeil ! etc.

(Le chœur sort.)

CENDRILLON, ouvrant les yeux.

Ah ! comme j'ai dormi long-temps ! Que vois-je ? Ah ! mon Dieu ! que de richesses !... Suis-je bien éveillée ? Oh ! comme me voilà belle ! Est-ce bien moi ? (Elle descend avec une grande agitation les marches du trône.) Qu'est-ce que tout cela signifie ? Je n'ai pas la force de me soutenir.

LE CHŒUR, sans être vu.

Ma chère enfant, soyez tranquille,
Restez en paix dans cet asile.
Vous avez un bon cœur, tout vous réussira ;
Le ciel vous récompensera.

### SCÈNE II.

### ALIDOR, CENDRILLON.

CENDRILLON.

Ah ! seigneur, c'est vous ?

ALIDOR.

Eh bien ! vous avais-je trompée ?

CENDRILLON.

Où suis-je ?

ALIDOR.

Vous êtes à la cour. Je vous avais promis que vous viendriez à la fête, vous voyez que j'ai tenu ma parole, car vous arrivez la première.

CENDRILLON.

Mais comment suis-je venue ? qui m'a donné ces beaux habits ?

ALIDOR.

C'est un mystère que vous ne devez pas chercher à pénétrer.

CENDRILLON.

Et mes sœurs ?... mon père ?...

ALIDOR.

Ils ne sont point arrivés.

CENDRILLON.

Ah ciel ! je tremble ; ils vont me reconnaître ; je suis perdue.

ALIDOR.

Rassurez-vous, ils ne vous reconnaîtront pas.

CENDRILLON.

Mais moi, qui ne suis jamais sortie du coin du feu, comment oserai-je paraître à la cour ? Je me trouve déjà toute gênée dans ces beaux habits ; c'est tout au plus si je puis marcher.

ALIDOR.

Soyez tranquille. Prenez cette rose, avec elle personne ne vous reconnaîtra ; vous aurez de l'assurance, vous aurez des talens... C'est à cette rose qu'est attaché votre bonheur, que sont attachés des destins de la plus haute importance.

CENDRILLON.

Eh quoi ! une rose ?...

ALIDOR.

Mon enfant, ne la quittez jamais.

CENDRILLON, après avoir placé la rose sur son sein.

En effet !... ( Elle lève la tête avec grâce.) quel changement s'est tout à coup opéré en moi !... Il me semble que mes idées se développent, que je reçois une nouvelle existence... C'est singulier... ( Elle marche avec assurance. ) Je ne suis plus la même !

### SCÈNE III.

### LES MÊMES, UN PAGE.

LE PAGE.

Madame, vos écuyers, vos pages et toute votre suite viennent d'arriver au château...

CENDRILLON,

C'est bien ! qu'ils attendent mes ordres... Ah !

sage Alidor, c'est à vous que je dois ce prodige étonnant.

ALIDOR.

C'est à vos vertus.

AIR :

Conservez bien votre bonté,
Cet heureux don de la nature ;
N'altérez point par l'imposture
Cette aimable simplicité :
La plus élégante parure,
C'est la bonté.

Que tout l'éclat de l'opulence
Ne rende point votre cœur orgueilleux ;
Pour devise, prenez simplicité, constance,
Et que toujours ces mots soient présens à vos yeux.

Conservez bien, etc.

Mais j'entends du bruit ; c'est le retour de la chasse ; ne vous montrez pas encore ; retirez-vous de ce côté ; il sera temps de paraître quand j'irai vous avertir.

(Elle sort, conduite par Alidor, du côté du trône.)

## SCÈNE IV.

LE PRINCE, ALIDOR, DANDINI, LE BARON, CLORINDE, TISBÉ, SUITE.

DANDINI.

Enfin, nous voilà arrivés ; il était temps, car je meurs de faim et de soif. N'êtes-vous pas de mon avis, baron de Montefiascone ?

LE BARON.

Oui, seigneur ; en effet, il n'y a rien qui altère comme le froid.

DANDINI.

Ah ! ah ! vous êtes un habile homme. (A Alidor.) Mon cher précepteur, je vous le donne comme l'homme le plus érudit de mon royaume ; vous n'imaginez pas combien sa conversation est instructive. Pendant toute la route, il n'a cessé de me parler des vignobles les plus renommés de mes états ; aussi, je veux le récompenser d'une manière analogue à ses connaissances : je le nomme mon grand échanson.

LE BARON.

Seigneur, soyez assuré que je m'acquitterai de cette charge importante avec toute l'énergie... toute la probité...

DANDINI.

C'est bien ! allez vous faire installer. (Le baron sort avec deux écuyers.) Mille pardons, mesdames, si j'ai été obligé de donner un moment aux soins de mon empire ; je suis maintenant tout à vous. Qu'on nous laisse !          (Les gardes sortent.)

LE PRINCE, bas, à Alidor.

Il n'ira jamais jusqu'au bout.

ALIDOR.

Laissez-le faire.

DANDINI.

Qu'on nous laisse donc !

(Le prince et Alidor sortent.)

## SCÈNE V.

CLORINDE, DANDINI, TISBÉ.

CLORINDE.

Que vous êtes heureux, seigneur ! entouré d'un peuple qui vous aime...

DANDINI.

Ah ! mademoiselle...

TISBÉ.

D'une cour qui vous adore...

DANDINI.

Ah !

CLORINDE.

Mais que vous méritez bien tant d'hommages !

DANDINI.

Ah !

TISBÉ.

Tant d'amour...

DANDINI.

Ah !

CLORINDE.

Tant d'idolâtrie...

DANDINI.

Oh ! pour le coup, c'en est trop ; épargnez ma modestie.

CLORINDE.

En célébrant les louanges de Son Altesse, je ne suis que l'écho de ses sujets.

DANDINI.

Laissons là mon Altesse, je vous en conjure ; point de cérémonie entre nous.

TISBÉ.

Quelle bonté touchante !

CLORINDE.

Quelle simplicité !

DANDINI.

Il est vrai que je suis assez simple... aussi, je serai bien le meilleur des maris...Cela me rappelle que je dois prendre une femme ce soir, et je vous avoue que je suis dans une étrange perplexité.

CLORINDE.

Il en est tant qui seraient heureuses...

DANDINI, soupirant profondément.

Ah !

TISBÉ.

Votre Altesse soupire ?...

DANDINI.

Je vous regarde toutes deux, et n'ose choisir ;

en vous voyant, je suis plus embarrassé que Pâris, obligé de donner la pomme à l'une des trois Grâces.

CLORINDE.

Il est charmant !

DANDINI.

Ah ! pourquoi le ciel ne m'a-t-il pas donné deux cœurs ?...

TISBÉ, à part.

Il faut pourtant bien qu'il se prononce.

DANDINI, se retournant du côté de Clorinde.

Que j'aime cet air modeste ! (A Tisbé.) Que ce petit minois fripon me plaît ! (A Clorinde.) Cette tendre langueur... (A Tisbé.) cette aimable étourderie... (A Clorinde.) ces grands yeux mourans... (A Tisbé.) ce regard éveillé... enflamment mon cœur...

CLORINDE, à part.

C'est moi qu'il aime !

DANDINI.

Troublent ma raison.

TISBÉ, à part.

C'est moi qu'il choisit !

DANDINI.

Et mon esprit incertain... Mes belles demoiselles, je crois que je me suis fait entendre ?

CLORINDE, à part.

Ah ! je l'ai bien compris.

TISBÉ, à part.

Je l'ai bien deviné.

DANDINI.

Au reste, celle qui ne sera pas ma femme ne sera pas la plus malheureuse ; je la donnerai à mon écuyer ; il me vaut bien, et j'ai pour lui beaucoup de respect... c'est-à-dire, d'estime ; mais j'oublie auprès de vous les affaires les plus graves. On m'attend pour le festin ; il faut ensuite que je paraisse au tournoi. J'y ferai publier que vous êtes les personnes les plus belles, les plus aimables de toute l'Italie. Malheur à l'audacieux chevalier qui oserait soutenir le contraire ! il aurait affaire à moi ; oui, je donnerais sur-le-champ mes pleins pouvoirs pour le combattre. Adieu... adieu... je vais au festin, où je figurerai moi-même ; j'irai ensuite au tournoi, où on figurera pour moi, et de là au bal, où nous figurerons tous les trois.

(Il sort.)

ooooooooooooooooooooooooooooooooooooooo

## SCÈNE VI.

CLORINDE, TISBÉ.

TISBÉ.

Quel prince accompli !

CLORINDE.

Ma sœur, je dois en convenir, vous méritiez la préférence.

TISBÉ.

Ma sœur...

CLORINDE.

Vous êtes plus belle, plus aimable que moi.

TISBÉ.

Ma sœur...

CLORINDE.

Que voulez-vous ? il faut prendre son parti.

TISBÉ.

C'est sagement pensé.

CLORINDE.

D'ailleurs, cet écuyer ne m'a pas paru mal.

TISBÉ.

C'est ce que j'allais vous dire, ma sœur ; je l'ai trouvé fort bien.

CLORINDE.

Je suis enchantée que vous ayez cette bonne opinion de lui.

TISBÉ.

Je suis charmée qu'il vous plaise.

CLORINDE.

Quelle que soit la distance qui doive nous séparer, point de fierté entre nous.

TISBÉ.

Oh ! non, jamais.

CLORINDE.

Nous nous aimerons toujours comme deux sœurs, n'est-il pas vrai ?

TISBÉ.

Ah ! sans doute ; vous me serez toujours bien chère ; il n'y a que les petits esprits qui s'oublient dans la grandeur.

CLORINDE.

Cependant, en public, on doit de certains égards à la princesse.

TISBÉ.

En public, soit ; mais j'y mets une condition, ma sœur, c'est que, dans l'intimité, vous me parlerez tout comme si je n'étais pas votre souveraine.

CLORINDE.

Comment ! votre souveraine ?

TISBÉ.

Puisque c'est sur moi que le prince a jeté les yeux.

CLORINDE.

Allons donc, ma sœur, vous plaisantez, c'est sur moi.

TISBÉ.

Sur vous !

DUO.

CLORINDE.

Qui ? vous, ma souveraine ?

TISBÉ.

Oui, moi.

**TOUS.**

O ciel !

**ALIDOR.**

La rose est à vous.

(Au moment où elle met la rose sur son sein, toutes les femmes se groupent devant elle ; il se fait un changement à vue, et l'on aperçoit un trône. — Cendrillon paraît vêtue comme au deuxième acte.)

**LE PRINCE.**

Je tombe à vos genoux.

**CHOEUR.**

A la plus belle, etc.

(Pendant le chœur, le prince conduit Cendrillon sur le trône, et lui pose la couronne sur la tête.)

**CLORINDE et TISBÉ.**

Dieu ! que vois-je ? Cendrillon !

**CENDRILLON.**

Oui, c'est elle qui vous demande votre amitié, qui vous promet d'oublier tout, mais qui se rappellera toujours qu'elle est votre sœur.

**LE BARON.**

L'aimable enfant !

**LE PRINCE.**

Que tous les nuages se dissipent ; ne songeons qu'à célébrer un si beau jour. Vertueux Alidor, que ne vous dois-je pas ?

**ALIDOR.**

Mon fils, je n'ai jamais eu en vue que votre bonheur ; pour qu'il fût bien assuré, il vous fallait une compagne douce, aimable, parée de toutes les grâces, de toutes les vertus. Je l'ai trouvée ; elle a été humble dans l'adversité, modeste dans les grandeurs ; enfin, elle a triomphé de toutes les épreuves ; vous n'avez plus rien à désirer.

**CENDRILLON**, se jetant dans ses bras.

Ah ! mon père !

**ALIDOR.**

Eh bien ! avais-je tort de vous dire :

Ma chère enfant, soyez tranquille,
Restez en paix dans cet asile.
Vous avez un bon cœur, tout vous réussira ;
Le ciel vous récompensera.

**CHOEUR GÉNÉRAL.**

A l'instant que tout s'apprête, etc.

FIN.

Paris. — Imprimerie de BOULÉ et Cⁱᵉ, rue Coq-Héron, 3.

oooooooooooooooooooooooooooooooooooooooooooooo

## SCÈNE X.

### CENDRILLON, LE PRINCE.

CENDRILLON, sans être aperçue du prince.
Ah! voilà le jeune écuyer.

LE PRINCE.
DEUXIÈME COUPLET.
Comment, avec un air si doux,
Cacher l'orgueil, la perfidie?
Le premier bien, pour un époux,
C'est la douceur, la modestie.
Ah! s'il existe dans ces lieux,
Femme sensible, aimable et belle,
Qu'elle se présente à mes yeux,
Mon cœur l'attend, ma voix l'appelle.

CENDRILLON, à part.
Oh! comme sa voix est touchante! Je me sens tout émue. Il a l'air malheureux : approchons... (Haut.) Chevalier...

LE PRINCE.
Qui m'appelle?... O ciel! la charmante personne!

CENDRILLON.
Vous paraissez affligé?

LE PRINCE.
Hélas! oui, madame.

CENDRILLON.
J'ai interrompu vos plaintes?

LE PRINCE.
Je ne me plaignais pas; j'adressais des vœux au ciel : les aurait-il exaucés?

CENDRILLON.
Qui peut vous avoir causé de la peine? vous avez l'air si bon! Je suis sûre que vous n'avez fait de mal à personne.

LE PRINCE.
Je n'ai jamais fait que le bien. Est-ce une raison pour être heureux?

CENDRILLON.
Oh! non, sans doute... Je l'ai bien appris par moi-même; mais consolez-vous, et écoutez ces paroles que je n'oublierai jamais :

Vous avez un bon cœur, tout vous réussira ;
Le ciel vous récompensera.

LE PRINCE, à part.
Ah! quels accens délicieux! Ils pénètrent mon cœur.

CENDRILLON.
Quelle est donc la cause de vos malheurs? Seriez-vous abandonné par des personnes qui vous sont chères?

LE PRINCE.
Je n'ai point aimé jusqu'à ce jour.

CENDRILLON, à part.
Ah! quel bien il me fait!

LE PRINCE, à part.
Quel charme inconnu vient tout à coup s'emparer de moi?

CENDRILLON.
Vous n'avez point aimé?

LE PRINCE.
Qui daignerait jeter ses regards sur moi? Je ne suis ni riche, ni puissant. Simple écuyer, je n'ai qu'un cœur à offrir.

CENDRILLON.
Eh! quel autre bien faut-il donc?

LE PRINCE, à part.
Dieux! ( A Cendrillon.) Mais vous, madame, permettez qu'à mon tour je vous demande qui vous êtes; quel peuple est assez heureux pour obéir à vos lois? où sont situés vos états?...

CENDRILLON.
Mes états! Ah! si vous les connaissiez...

LE PRINCE.
Vous méritez d'être assise sur le premier trône du monde.

CENDRILLON.
Il est impossible d'en avoir un plus modeste.

LE PRINCE.
Au nom du ciel! daignez vous faire connaître.

CENDRILLON.
Je désire rester inconnue.

LE PRINCE.
Vous ne pouvez l'être dans une cour où votre beauté doit fixer tous les regards.

CENDRILLON.
Moi! fixer les regards!... Je cherche plutôt à les éviter.

LE PRINCE.
Quoi! n'êtes-vous point venue pour fixer le choix du prince?

CENDRILLON.
Oh! non, je vous le jure, ce n'est pas là mon ambition.

LE PRINCE.
Si j'en crois mon cœur, vous devez l'emporter sur toutes vos rivales.

CENDRILLON.
Je ne veux qu'assister à leur triomphe.
(On entend la trompette qui donne le signal du tournoi.)

LE PRINCE.
Voilà le premier signal du tournoi; on va combattre pour la beauté. Madame, avez-vous un chevalier?

CENDRILLON.
Un chevalier! oh! non, seigneur, je n'en eus jamais.

LE PRINCE.
Eh bien! daignez m'accepter pour le vôtre; je veux soutenir en champ clos qu'il n'existe pas

dans le monde une femme qui vous soit compa-
rable.

CENDRILLON.

Moi, seigneur! moi, y pensez-vous?

LE PRINCE.

Tant de modestie ajoute encore un nouvel éclat
à vos charmes. Rien ne peut me retenir... De
grâce, accordez-moi la faveur que je vous demande; je me jette à vos genoux pour l'obtenir.

CENDRILLON.

Eh bien ! donc, soyez mon chevalier.

DUO.

LE PRINCE.

Ah ! la victoire m'est promise !
Mais donnez-moi votre devise ;
Je veux la porter sur mon cœur.

CENDRILLON.

Simplicité, constance,                               [cœur.
Ces deux mots pour toujours sont gravés dans mon

LE PRINCE.

Ah ! j'en ai l'assurance,
Je reviendrai vainqueur.
Simplicité, constance,                               [cœur.
Ces deux mots pour toujours sont gravés dans mon

ENSEMBLE, à part.

Quelle flamme subite
Vient embraser mon cœur !
Il s'élance, il palpite
De joie et de bonheur.

(On entend le second signal.)

LE PRINCE.

Mais le signal m'appelle.
A la gloire fidèle,
Je vole aux combats.

CENDRILLON.

Dieu protecteur, guide ses pas.

LE PRINCE.

Le souvenir de tant de charmes
Va doubler encor ma valeur.

CENDRILLON.

Cependant de quelques alarmes
Je ne puis défendre mon cœur.

LE PRINCE.

Tout me présage le bonheur.

CENDRILLON.

Ah ! vous me rendez l'espérance.

ENSEMBLE.

Simplicité, constance,                               [cœur.
Ces deux mots pour toujours sont gravés dans mon

(Le prince sort.)

SCÉNE XI.

ALIDOR, CENDRILLON.

CENDRILLON.

Dans quel trouble il m'a jetée ! Je ne puis me
rendre compte de tout ce qui se passe en moi...
Ah ! seigneur, venez à mon secours.

ALIDOR.

Qu'est-ce, mon enfant?

CENDRILLON.

Je vous en prie, dites-moi donc ce que j'é-
prouve? C'est une agitation, une inquiétude, un
plaisir, une peine .. Je ne sais que vous dire...

ALIDOR.

Vous n'étiez pas seule?

CENDRILLON.

Non ; j'étais avec le jeune écuyer qui vous ac-
compagnait ce matin.

ALIDOR.

Ah! et comment le trouvez-vous?

CENDRILLON.

Je n'ose pas vous le dire.

ALIDOR.

Je vous entends.

CENDRILLON.

Ah! seigneur, vous m'avez dit qu'avec cette
rose je n'avais rien à craindre, et cependant elle
ne m'a pas préservée du mal que je ressens.

ALIDOR.

Que voulez-vous, mon enfant, elle ne peut rien
contre l'amour.

CENDRILLON.

L'amour !... Ah ! c'est donc l'amour ?...

ALIDOR.

Oui, mon enfant ; mais consolez-vous : soyez
toujours bonne, soyez toujours modeste, et peut-
être... Mais j'aperçois votre père et vos sœurs
qui viennent de ce côté.

CENDRILLON.

Vous dites donc qu'ils ne me reconnaîtront
pas?

ALIDOR.

Ils sont bien loin de vous croire ici ; d'ailleurs,
ce talisman vous change à leurs yeux.

SCÉNE XII.

LES MÊMES, LE BARON, CLORINDE, TISBÉ.

LE BARON, en entrant.

Au diable soit la charge d'échanson ! j'ai cru
que je n'aurais rien à faire ; mais si cela continue,
je serai la personne la plus occupée de l'État : il
faut toujours lui verser à ce prince !

**CLORINDE.**

Ah ! voilà sans doute cette dame arrivée avec une suite si brillante.

**TISBÉ.**

Elle vient, je le gage, pour nous disputer la couronne.

**CLORINDE.**

Je ne puis la voir.

**TISBÉ.**

Je sens déjà que je la déteste.

**LE BARON.**

Allons, allons, vous êtes bien sûres de l'emporter.

**CENDRILLON, au baron.**

Quelles sont ces aimables personnes ?

**LE BARON.**

Ce sont mes filles, madame.

**CENDRILLON.**

Elles sont charmantes.

**CLORINDE, à part.**

C'est fort heureux !

**CENDRILLON.**

Quelle douceur dans leurs traits ! quelle physionomie gracieuse ! Voulez-vous bien me permettre de vous embrasser ?

(Elle passe entre les deux sœurs.)

**LE BARON.**

Ah ! madame.

**ALIDOR, à part.**

Son bon cœur ne se dément pas.

**CENDRILLON.**

J'éprouve un grand plaisir à vous voir ; je me sens disposée à vous aimer.

**LE BARON.**

Madame, c'est beaucoup d'honneur que vous leur faites.

**CLORINDE.**

Quoi ! madame, dès la première vue, vous...

**CENDRILLON.**

Oh ! je vous connais depuis long-temps ; on m'a beaucoup parlé de vous. Voulez-vous accepter mon amitié ?

**CLORINDE.**

Nous nous estimerons trop heureuses...

**TISBÉ.**

Nous serons charmées...

**CENDRILLON.**

Permettez-moi de vous faire accepter ces faibles gages d'un attachement qui, je l'espère, ne finira jamais.

(Elle ôte de sa tête une gerbe de diamans, et détache un collier de perles fines qu'elle offre à ses sœurs.)

**CLORINDE.**

Des perles !

**TISBÉ.**

Des diamans !

**CLORINDE.**

Quoi ! madame, vous vous en privez pour nous ?

**CENDRILLON.**

C'est avec grand plaisir. Monsieur le baron, avez-vous d'autres enfans ?

**LE BARON.**

Non, madame ; le ciel ne m'en a donné que deux.

**ALIDOR.**

Monsieur le baron oublie sa belle-fille.

**LE BARON.**

Qui, Cendrillon ? Ah ! elle n'est pas de ma famille.

**CENDRILLON.**

Elle est votre belle-fille ; ce titre seul suffit pour la rendre intéressante à mes yeux. Donnez-lui, de ma part, ce brillant.

(Elle donne un brillant au baron.)

**CLORINDE.**

Ah ! madame, vous êtes trop bonne.

**LE BARON.**

Voilà une personne qui est nécessairement très noble. Heureux celui qui en est le père !

**ALIDOR.**

Son père la méconnaît !

**LE BARON.**

Eh bien ! vous m'avouerez que c'est affreux.

(On entend une marche.)

**CENDRILLON.**

Mais qu'entends-je ?

**ALIDOR.**

C'est le retour du tournoi : la fête va commencer.

**CENDRILLON, à Alidor.**

Ah ! mon père, je tremble.

**ALIDOR.**

Rassurez-vous.

∘∘∘∘∘∘∘∘∘∘∘∘∘∘∘∘∘∘∘∘∘∘∘∘∘∘∘∘∘∘∘∘∘∘∘∘∘∘∘∘∘∘

## SCÈNE XIII.

LES MÊMES, LE PRINCE, DANDINI, en habit royal, il va s'asseoir sur le trône, GARDES, SUITE.

### FINALE

#### CHŒUR.

À la plus belle offrons nos vœux ;
Que sa gloire soit immortelle !
Que nos cris montent jusqu'aux cieux :
Honneur, honneur à la plus belle !
La beauté seule enflamme les guerriers,
On triomphe toujours par elle,
Offrons nos cœurs et nos lauriers
À la plus belle.

LE PRINCE, faisant paraître devant Cendrillon les deux chevaliers vaincus, qui mettent leurs épées à ses pieds.

Vous seule avez guidé mon bras,
Vous m'avez conduit à la gloire;
Ainsi, je dois à vos appas
Le prix de la victoire.

CENDRILLON.
Guerriers généreux,
Calmez vos alarmes;
Vous fûtes malheureux,
De ma main recevez vos armes.

CHOEUR.
A la plus belle offrons nos vœux,
Que sa gloire soit immortelle!
Que nos cris montent jusqu'aux cieux.
Honneur, honneur, à la plus belle!

TISBÉ et CLORINDE.
Comment, sur nous l'emporte-t-elle?

DANDINI, leur parlant tour à tour.
Rassurez-vous; à mes yeux
Vous êtes toujours la plus belle.

CHOEUR.
La beauté seule enflamme les guerriers;
On triomphe toujours par elle.
Offrons nos cœurs et nos lauriers
A la plus belle.

LE BARON, à ses filles.
Bon! la fête va commencer;
Il faut chanter, il faut danser,
Et vous l'emporterez sur elle.
(Des enfans exécutent quelques danses.)

CLORINDE chante.

(Traduction d'une ode d'Horace, par Lamotte.)

Couronnons-nous de fleurs nouvelles,
Nous en verrons bientôt l'éclat s'évanouir.
Profitons du printemps qui passera comme elles;
L'amour nous presse d'en jouir.
Nos bois reprennent leurs feuillages;
Après les noirs frimas le printemps a son tour,
Et le soleil plus pur, dissipant les nuages,
Sans obstacle répand le jour.
Déjà dans la plaine fleurie,
Le berger laisse errer ses troupeaux bondissans,
Et du son de sa flûte, Écho même, attendrie,
En imite les doux accens,
Cythérée avec ses compagnes,                [seaux.
Le soir, d'un pas léger, danse aux bords des ruis-
Tandis que son époux ébranle les montagnes
Du bruit fréquent de ses marteaux.

Couronnons-nous de fleurs, etc

LE PRINCE, à Cendrillon.
A votre tour, rendez-vous à mes vœux.

CENDRILLON.
Je ne puis me rendre à vos vœux;
Elle mérite la couronne.

LE PRINCE.
Dansez, je vous en prie, et le roi vous l'ordonne.

DANDINI.
Oui, dansez, je le veux.

CENDRILLON, chantant et dansant tour à tour, en s'accompagnant avec un tambour de basque.

PREMIER COUPLET.
A quoi bon la richesse,
A quoi bon la grandeur,
Si l'on n'était sans cesse
En paix avec son cœur?
S'aimer et se le dire,
Deviner un sourire,
Est-il un plus grand bien, même au sein de la cour?
Il n'est point de bonheur, de plaisir, sans l'amour.

DEUXIÈME COUPLET.
Un beau jour Colinette
Fut conduite à la cour.
Elle était inquiète,
Dans ce brillant séjour.
Il fallait se contraindre,
Ou bien il fallait feindre;
Car on ne peut ici s'expliquer sans détour.
Il n'est point de plaisir, de bonheur, sans l'amour.

TROISIÈME COUPLET.
Colinette au village
Reprit sa liberté.
Elle aimait davantage
Sa douce obscurité.
Là, jamais d'artifice,
De fierté, de caprice.
Auprès de son amant elle était tout le jour.
Il n'est point de plaisir, de bonheur, sans l'amour.

LE PRINCE.
Madame, c'en est trop, acceptez la couronne;
C'est aujourd'hui le roi qui vous la donne.

CENDRILLON.
Le roi!...

DANDINI.
Qui vous la donne.

CENDRILLON.
Non, jamais.
(Elle jette la rose, et s'enfuit.)

ALIDOR.
Elle n'en veut pas!
Juste ciel! je te rends grâce.
Son bon cœur ne se dément pas.

DANDINI et LE CHŒUR.
Quelle audace!
Suivons, suivons ses pas.

FIN DU DEUXIÈME ACTE.

## ACTE TROISIÈME.

Même décoration qu'au deuxième acte.

### SCÈNE I.

**TISBÉ**, seule.

#### RÉCITATIF.

Dieux ! quel événement ! le dépit, la fureur,
S'emparent de mon cœur,
Par un perfide amant, je suis abandonnée ;
A cet affront cruel étais-je destinée ?
Oui, c'en est fait,
Tout disparaît ;
Un seul instant, hélas ! détruit mon espérance.
Ne songeons plus qu'à la vengeance.
J'allais fixer le cœur d'un roi,
Tout devait fléchir sous ma loi,
Déjà le trône était à moi ;
Chacun s'empressait sur mes traces ;
Je pouvais répandre des grâces ;
Captivant tous les vœux, régnant sur tous les cœurs,
Je parvenais enfin au faîte des grandeurs...
Mais, hélas ! un instant détruit mon espérance.
Ne songeons plus qu'à la vengeance.
Oui, c'en est fait,
Tout disparaît.

Par un perfide amant, etc.

### SCÈNE II.

**TISBÉ, CLORINDE.**

**TISBÉ,**
Eh bien ! ma sœur, quelle nouvelle ?
**CLORINDE.**
Impossible de rien apprendre ; la plus grande
confusion règne dans le palais.
**TISBÉ,**
Et cette princesse ?...
**CLORINDE,**
On a fait en vain courir sur ses traces ; on ne
sait ce qu'elle est devenue. La princesse, les
pages, les officiers, dans un instant, tout cela a
disparu.
**TISBÉ.**
Tant mieux !... le roi est bien puni.
**CLORINDE.**
On n'a plus trouvé qu'un de ses jolis petits
souliers verts qu'elle a laissé tomber au moment
où elle s'échappait... C'est bien le plus joli sou-
lier !... On dirait qu'il a été travaillé par la main
des fées.
**TISBÉ.**
Eh bien ?
**CLORINDE.**
Le roi, m'a-t-on dit, s'en est saisi avec trans-
port, et il ne veut plus s'en séparer.
**TISBÉ.**
Quel caprice !
**CLORINDE.**
Il reviendra à nous, ma sœur.
**TISBÉ.**
Vous croyez ?
**CLORINDE.**
J'en suis sûre ; il faut de toute nécessité qu'il se
marie ce matin. Suivant toutes les apparences,
cette étrangère ne reviendra plus, et alors... il n'y
a que moi ou vous...
**TISBÉ.**
Ah ! que vous me faites de bien !
**CLORINDE.**
Ma sœur, le voyez-vous qui vient de ce côté ?
**TISBÉ.**
Oui, c'est lui-même. Ah ! comme le cœur me
bat !
**CLORINDE.**
Je vous l'avais bien dit ; il faut prendre l'air un
peu fâché.

### SCÈNE III.

**LES MÊMES, DANDINI.**

**DANDINI, à part.**
Ah ! voilà mes deux amantes ; j'ai un bien
triste aveu à leur faire. Diable ! elles ne me re-
gardent pas ; est-ce qu'elles sauraient déjà que je
ne suis plus roi ?... Mademoiselle...
**CLORINDE.**
Ah ! monseigneur, c'est vous ?
**TISBÉ.**
Quoi ! Votre Altesse daigne encore ?...
**DANDINI.**
Oui, je daigne... Vous me voyez bien confus,
bien humilié.

CLORINDE.

Ah! ne pensons plus à ce qui s'est passé.

DANDINI, à part.

Elles ne savent rien.

TISBÉ.

Pour moi, j'oublie tout.

DANDINI.

Vous êtes bien bonne; mais, en me retrouvant avec vous, je suis plus embarrassé que jamais.

TISBÉ.

Eh! pourquoi donc?

DANDINI.

C'est que je suis romanesque, voyez-vous; j'ai la faiblesse de vouloir être aimé pour moi-même. Dites-le-moi sans détour : n'est-ce pas mon trône, ma couronne, qui...

CLORINDE.

Quoi! monseigneur, penseriez-vous?

TISBÉ.

Pouvez-vous nous faire l'injure?...

DANDINI.

Écoutez donc... on ne sait pas...

CLORINDE.

Eh! qu'importe? Vous seriez le dernier de vos sujets, que je vous préférerais encore.

DANDINI.

Ah! vous m'enchantez.

TISBÉ.

Une chaumière et votre cœur, voilà tout ce que je désire.

DANDINI.

Est-il possible?

CLORINDE et TISBÉ.

Nous vous le jurons.

ooooooooooooooooooooooooooooooooooooooooooooooooooooooooo

## SCÈNE IV.

LES MÊMES, LE BARON, arrivant avec précipitation.

LE BARON.

Ah! mes filles! ah! quel événement!

TISBÉ.

Qu'est-ce donc, mon père?

LE BARON.

Figurez-vous que le roi...

TISBÉ.

Eh bien! le roi?...

LE BARON.

Le roi n'était pas le roi...

DANDINI, à part.

Allons, me voilà détrôné.

TISBÉ.

Qu'entends-je?

CLORINDE.

Est-il possible?

LE BARON.

C'était tout simplement un des hommes de sa suite, nommé...

DANDINI.

Dandini.

TISBÉ.

Dandini?

CLORINDE.

Et quel est donc le véritable roi?

LE BARON.

Vous en seriez-vous jamais doutée? c'est cet écuyer qui s'est présenté hier dans mon château; c'est ce héros qui a terrassé les plus vaillans guerriers, et qui est sorti vainqueur du tournoi.

TISBÉ et CLORINDE.

Est-il possible?

LE BARON.

Entendez-vous?... c'est lui qui s'avance.

ooooooooooooooooooooooooooooooooooooooooooooooooooooooooo

## SCÈNE V.

LES MÊMES, LE PRINCE, en costume magnifique et précédé de ses gardes.

LE PRINCE.

Alidor, a-t-on continué les recherches?

ALIDOR.

Elles ont été vaines.

LE PRINCE.

O fatale destinée! Mais du moins a-t-on proclamé mes ordres?

ALIDOR.

Oui, prince; avant quelques instans, vous verrez en ces lieux toutes les jeunes beautés qui sont dignes de partager votre couronne.

LE PRINCE.

Vous savez à quelle condition on pourra mériter mon choix. Ah! du moins, puisqu'il ne me reste qu'un seul gage...

LE BARON.

Seigneur, moi et mes filles... mes filles et moi...

LE PRINCE.

Vos filles seront heureuses, baron; je me charge de leur fortune. Je connais leur amour pour ce cavalier; j'ordonne que l'une d'elles l'épouse aujourd'hui même.

CLORINDE et TISBÉ.

O ciel!

LE BARON.

Mais, seigneur...

LE PRINCE.

Je le veux.

LE BARON.

Oui, seigneur.

LE PRINCE.

C'en est assez. Je me rends à l'assemblée des

États ; je vais lui communiquer mes résolutions ; je vais déposer dans son sein tous mes vœux, toutes mes espérances... Cher Alidor, ne m'abandonnez pas.

**LE BARON.**

Ah ! seigneur, le respect, la reconnaissance... Parlez ; qu'ordonnez-vous ? que faut-il faire encore pour réparer ?...

**LE PRINCE.**

Laissez-moi.

**LE BARON.**

Oui, seigneur.

## SCÈNE VI.

**DANDINI, LE BARON, TISBÉ, CLORINDE.**

**LE BARON.**

Eh bien ! mes filles, avez-vous entendu comme je lui ai parlé ?

**DANDINI.**

Ah ! mesdemoiselles, je n'ai pas tout perdu, puisque je règne encore dans vos cœurs.

**TISBÉ.**

Je ne veux pas me marier, mon père.

**LE BARON.**

Comment ! vous ne voulez pas vous marier, mademoiselle ?

**CLORINDE.**

Je ne veux prendre un époux qu'après ma sœur.

**DANDINI.**

En voici bien d'un autre !

**LE BARON, à part.**

Allons ! allons ! elles se sont disputées hier à qui l'aurait, vous allez voir qu'elles se disputeront aujourd'hui à qui ne l'aura pas.

**CLORINDE.**

Et quel est-il pour oser aspirer ?...

**DANDINI.**

Le dernier de mes sujets.

**TISBÉ.**

Qu'a-t-il à nous offrir ?

**DANDINI.**

Une chaumière et mon cœur.

**LE BARON.**

Oui, mon cœur... c'est cela même. Point de raisonnemens, mesdemoiselles, point d'explication, point de propos ; arrangez-vous, tirez même au sort, si vous voulez, mais il faut qu'une de vous soit aujourd'hui sa femme. (A Dandini.) Laissons-les un instant, pour qu'elles puissent se décider. Suivez-moi ; soyez tranquille, vous serez mon gendre ; c'est le roi qui le veut, et c'est moi qui l'ordonne.

## SCÈNE VII.

**TISBÉ, CLORINDE.**

**TISBÉ.**

Quelle humiliation !

**CLORINDE.**

J'étouffe de dépit !

**TISBÉ.**

On aura beau faire, je ne serai pas sa femme.

**CLORINDE.**

Je jure bien qu'il ne sera jamais mon mari.

**TISBÉ.**

Ah ! ma sœur, je ne me trompe pas, je crois que c'est Cendrillon...

**CLORINDE.**

Cendrillon !... Oui vraiment, c'est elle-même.

**TISBÉ.**

Ah ! la malheureuse ! il ne manquait plus que sa présence pour achever de nous perdre.

## SCÈNE VIII.

**LES MÊMES, CENDRILLON.**

**TISBÉ.**

Que venez-vous faire ici, mademoiselle ?

**CLORINDE.**

Il faut que vous soyez bien osée, pour vous présenter à la cour dans un pareil état !

**CENDRILLON.**

Écoutez donc ! j'ai veillé toute la nuit ; ce matin, ne voyant venir personne, j'ai été dans une inquiétude !... Je n'ai pu y résister, et je suis bien vite accourue pour avoir des nouvelles de tout ce qui m'intéresse.

**TISBÉ.**

On se moque bien de votre intérêt !

**CENDRILLON.**

Et puis j'ai entendu la proclamation.

**TISBÉ.**

Quelle proclamation ?

**CENDRILLON.**

N'a-t-on pas invité ce matin toutes les jeunes filles nobles à se rendre au palais ?

**TISBÉ.**

Comment ! vous avez cru que cela vous regardait ?

**CENDRILLON.**

Pourquoi donc pas ? je suis aussi noble que vous ; vous n'êtes pas plus jeunes que moi...

**CLORINDE.**

Voyez-vous quelle insolence ?... Comment ! vous osez vous flatter ?...

TISBÉ.

La princesse Cendrillon!... cela serait trop plaisant !

CENDRILLON.

Écoutez donc... on peut, comme une autre...

CLORINDE.

Voulez-vous bien vous cacher !... Si l'on vous voyait avec nous, que penserait-on ?

CENDRILLON.

Soyez tranquilles. Je dirai que je suis votre servante, et je ne mentirai pas.

TISBÉ, bas, à Clorinde.

Ah ! ma sœur, il me vient une excellente idée ! Le roi a demandé l'une de nous pour Dandini ; Cendrillon est notre sœur... ne pourrions-nous pas ?...

CLORINDE.

A merveille! je vous entends... Il faut lui parler avec douceur.

CENDRILLON, à part.

O ciel ! comment savoir où il est ?

CLORINDE.

Cendrillon, tu serais donc bien aise d'avoir un mari ?

CENDRILLON.

Cela dépend, mesdemoiselles... s'il me plaisait, je pourrais bien...

TISBÉ.

Mais a-t-on idée...

CLORINDE.

Te rappelles-tu l'écuyer du roi qui est venu hier à la maison ?

CENDRILLON, à part.

Si je me le rappelle !

CLORINDE.

Te plairait-il ?

CENDRILLON.

Ah! oui, beaucoup.

TISBÉ.

Un moment! pas de méprise. Ce n'est pas de ce jeune homme qui est venu avec Alidor.

CENDRILLON.

Ah bien ! c'est de celui-là que je parle, moi.

CLORINDE.

Vraiment! tu n'es pas difficile : c'était le roi.

CENDRILLON, extrêmement surprise.

Comment ! c'était le roi ?

TISBÉ.

Sans doute; il avait pris ce déguisement.

CENDRILLON.

C'était le roi ! (A part.) Ah ! malheureuse !...

CLORINDE.

Oui, c'était le roi; que vous importe? vous avez un air...

CENDRILLON.

C'était le roi !... Et de qui me parliez-vous donc?

TISBÉ.

Eh mais! de l'homme qui passait pour lui, et qui nous a amenées dans son carrosse.

CENDRILLON.

Quoi! celui que vous aimiez tant ?

CLORINDE.

L'impertinente !

CENDRILLON.

Oh bien ! je n'en veux point. Je ne le trouvais pas beau quand il était roi, et depuis qu'il ne l'est plus, ça ne l'a pas embelli.

TRIO.

CLORINDE et TISBÉ.

Vous l'épouserez,
Vous l'aimerez.

CENDRILLON.

Non, je vous proteste,
Car je le déteste.

CLORINDE et TISBÉ.

Ah ! comment sortir d'embarras ?
Que dites-vous, mademoiselle ?
Sortez d'ici, fille rebelle !

CENDRILLON.

Non, non, je ne sortirai pas.

CLORINDE et TISBÉ.

On veut la rendre heureuse,
On veut lui donner un époux ;
Elle fait la dédaigneuse !

CENDRILLON.

Hélas ! je suis bien malheureuse.
Eh ! que ne le prenez-vous?

CLORINDE et TISBÉ.

Comme elle est insolente !
Qu'elle est impertinente !
Vous l'épouserez,
Vous l'aimerez.

CENDRILLON.

Non, je vous proteste,
Car je le déteste.

CLORINDE.

Ah ! ma sœur quel embarras !
Sortez !

CENDRILLON.

Je ne sortirai pas.

CLORINDE.

Taisez-vous, fille rebelle !

TISBÉ.

Mais le roi vient. Ah ! ma sœur, avec elle
Ne nous montrons pas ;
Sortons, sortons : quel embarras !

CENDRILLON, pleurant.

Ma destinée est affreuse !
Je suis pourtant bien malheureuse ;
Mais cette fois, je n'obéirai pas.

## SCÈNE IX.

Le PRINCE arrive lentement et parait absorbé dans
ses réflexions, CENDRILLON.

CENDRILLON, sans voir le prince.

C'était le roi !... Ah! mon Dieu! qu'ai-je fait ?
Pourquoi ai-je quitté ce précieux talisman?.. Et
mes sœurs... comme elles me traitent !... moi qui
les avais si bien accueillies... moi qui les aime !...
J'ai tout fait pour obtenir leur amitié... je les ai
servies sans qu'il me soit jamais échappé une
plainte, un murmure; et elles me repoussent sans
pitié !... Mon Dieu! mon Dieu! je suis bien malheureuse !...

LE PRINCE, sortant de sa rêverie, à part.

Que vois-je? une jeune personne en pleurs !...
Je ne me trompe pas : c'est cette petite Cendril-
lon, dont le sort m'a si vivement intéressé... (Haut.)
Qui peut vous avoir fait de la peine, mon enfant ?

CENDRILLON, à part.

C'est lui !... (Au prince, en s'efforçant de retenir
ses larmes.) Ce n'est rien, monseigneur, ce n'est
rien.

LE PRINCE.

Malheur à l'audacieux qui oserait vous mal-
traiter ici !

CENDRILLON, à part.

Ah! mon Dieu! comme il est devenu beau depuis qu'il est roi !... Est-ce qu'il aurait trouvé ma
rose?

LE PRINCE.

Vous pleuriez quand je vous ai quittée, et je
vous retrouve encore répandant des larmes.

CENDRILLON.

C'est qu'on n'avait pas voulu me laisser aller à
la fête... Aussi, toute la nuit j'y ai rêvé.

LE PRINCE.

Vous y avez rêvé?

CENDRILLON.

Oui, et si mon songe est vrai, il doit s'y être
passé des choses bien extraordinaires.

LE PRINCE.

Ah! sans doute. Et qu'avez-vous vu dans votre
rêve?

CENDRILLON.

Je vous ai vu d'abord; vous n'étiez pas encore
roi, personne ne faisait attention à vous.

LE PRINCE.

Personne ?...

CENDRILLON.

A l'exception d'une dame, qui est arrivée tout
à coup avec des pages, des écuyers, des seigneurs...

LE PRINCE.

Grands Dieux! se peut-il?... quoi !... vous avez
rêvé...

CENDRILLON.

Oui, j'ai rêvé tout cela. Vous aviez l'air de l'aimer un peu, cette dame.

LE PRINCE.

Ah! jamais elle ne sortira de mon souvenir...
Jamais amour ne fut plus tendre, plus ardent que
celui que je ressens pour elle.

CENDRILLON, à part.

S'il savait que c'est la pauvre Cendrillon !

LE PRINCE.

Mais pourquoi est-elle partie, pourquoi m'a-
t-elle abandonné?

CENDRILLON.

Je vais vous le dire : c'est qu'elle ne voulait
pas d'une couronne qu'elle ne croyait pas être la
vôtre.

LE PRINCE.

Est-il possible ? c'est la raison ? Ah! pourquoi
ne me suis-je pas fait connaître ?... Alidor, vous
m'avez perdu !          (Il semble anéanti.)

CENDRILLON, allant le prendre par le bras.

Ecoutez donc, tout ceci n'est qu'un songe, et il
se pourrait bien...

LE PRINCE.

N'importe ! tout ce qui me la rappelle... Où est-
elle ? de quel côté a-t-elle tourné ses pas ?

CENDRILLON.

Elle est revenue.

LE PRINCE.

Elle est revenue ?...

CENDRILLON.

Oui, elle est ici.

LE PRINCE.

Elle est ici ! eh bien ! à son retour, que s'est-il
passé ?

CENDRILLON, vivement.

A son retour... je me suis éveillée.

### DUO.

Vous l'aimiez donc avec tendresse ?

LE PRINCE.

Oui, je l'aimais avec ivresse.
Je crois entendre ses accens;
Ils étaient si doux, si touchans !

### ENSEMBLE.

Mais quel charme m'entraîne !

J'éprouve en la/le voyant,

Un plaisir, une peine,
Un doux saisissement.

LE PRINCE.

Ah! quel plaisir! ah! quelle ivresse !
En ces lieux toujours je la voi.

CENDRILLON.

Il ne pense qu'à la princesse;
Mais il ne songe plus à moi.

LE PRINCE.

Oui, je crois toujours l'entendre ;
Quelle voix aimable et tendre !

CENDRILLON.

Ciel ! il croit toujours m'entendre ;
Que sa voix est aimable et tendre !

LE PRINCE.

Quel enjouement !
Quel air charmant !
Quelle danse aimable et légère !

CENDRILLON.

Hélas ! en ce moment,
C'est la princesse qu'il préfère,
Et Cendrillon ne peut lui plaire.
Pour mon cœur, ah ! quel tourment !

## SCÈNE X

CENDRILLON, LE BARON, CLORINDE,
TISBÉ, ALIDOR, LE PRINCE, DANDINI.

ALIDOR.

Prince, voici le moment de fixer votre choix ;
toute votre cour se rend en ces lieux, il faut vous
décider.

## SCENE XI.

LES MÊMES, LES PRÊTRES, LES MINISTRES,
LES JEUNES FILLES et LES GARDES.

(Deux femmes portent sur un riche coussin le petit
soulier vert, et un diadème.)

## MORCEAU D'ENSEMBLE ET MARCHE.

CHOEUR.

A l'instant que tout s'apprête
Pour célébrer ce beau jour ;
Car c'est aujourd'hui la fête
De l'hymen et de l'amour.

LE PRINCE.

Mais quel est ce mystère ?
Je ne puis le concevoir.
De trouver celle qui m'est chère,
Il n'est donc plus d'espoir !

CENDRILLON.

Mais quel est donc ce mystère ?
Je ne puis le concevoir,
Pauvre Cendrillon ! de lui plaire,
Ah ! tu n'a plus d'espoir !

CLORINDE et TISBÉ.

Nous avons encore de l'espoir.
(Cendrillon veut se placer au milieu des femmes.)

CHOEUR DES FEMMES.

Mais quelle est cette étrangère
Qui se glisse parmi nous ?
Retirez-vous, retirez-vous !

CENDRILLON, allant se réfugier auprès du baron et
de ses sœurs.

O mes sœurs ! ô mon père !

LE BARON, CLORINDE et TISBÉ.

Cachez-vous, retirez-vous !

ALIDOR, s'avançant.

Des destins arbitre suprême,
Je proclame leur volonté.
Vous qui voulez le diadème,
Jeunes filles, écoutez...

CENDRILLON et LE PRINCE.

O ciel ! mon trouble est extrême !

ALIDOR.

Pour obtenir la main du roi,
Il faut mériter cette rose.

LE CHOEUR.

Écoutons ce qu'il propose.

CENDRILLON, à part.

Ah ! Dieu, que vois-je ! elle est à moi...

TOUTES LES FEMMES.

Que faut-il pour avoir la rose ?

ALIDOR.

A l'instant, pour la mériter,
Il est une épreuve à tenter.

CHOEUR.

Quelle épreuve faut-il tenter ?
Écoutons ce qu'il propose.

ALIDOR.

Celle à qui peut aller un si joli soulier,
Méritera la couronne et la rose.

CENDRILLON, à part, et regardant le soulier vert
qui lui reste.

O ciel ! c'est mon soulier.

ALIDOR.

Approchez-vous pour l'essayer.
Approchez-vous.

TOUTES.

Je n'ose.

CENDRILLON.

Eh bien ! c'est moi qui mérite la rose.

TOUTES.

Quoi ! le roi serait son époux ?
Cachez-vous, retirez-vous !

ALIDOR et LE ROI.

Mon enfant, approchez-vous.

TOUS.

Quel espoir est le vôtre ?

CENDRILLON.

Je veux essayer
Ce joli soulier.

TOUS.

Quel espoir est le vôtre ?

CENDRILLON.

Mais c'est le mien ;
Il m'ira bien,
Car voilà l'autre.
(Elle met le soulier qui était sur le coussin.)

CLORINDE.
Vous ?

TISBÉ.
Moi.

CLORINDE.
Vous ?

TISBÉ.
Le roi sera mon époux.

CLORINDE.
A quel point vous abusez-vous ?
En moi reconnaissez ta reine.

TISBÉ.
Qui ? vous, ma souveraine ?

CLORINDE.
Oui, moi.

TISBÉ.
Vous ?

CLORINDE.
Moi.

TISBÉ.
Vous ?

ENSEMBLE.
Non, non, le roi n'est pas pour vous.

TISBÉ.
Rendons hommage à la princesse.

CLORINDE.
Rendons hommage à Son Altesse.

TISBÉ.
Voudrez-vous bien me protéger ?

CLORINDE.
Daignerez-vous ne pas changer ?

ENSEMBLE.
Craignez pourtant de déroger.
Ah ! quelle altesse !
Quelle princesse !
Quelle noblesse !
Quel agrément !
Quel enjouement !
Quel air charmant !

## SCÈNE VII.

### LES MÊMES, LE PRINCE.

LE PRINCE.
Mesdames, pardon si j'ose me présenter devant vous, mais Son Altesse m'a flatté de l'espoir que je pouvais aspirer...

TISBÉ.
Il vous sied bien, monsieur l'écuyer, d'élever vos regards jusqu'à moi !... adressez-vous à ma sœur. A-t-on idée d'une pareille prétention ? un écuyer à une femme telle que moi ! Ah ! c'est incroyable !                    (Elle sort.)

## SCÈNE VIII.

### LE PRINCE, CLORINDE.

LE PRINCE.
Quoi ! madame, c'est donc vous ?

CLORINDE.
Je vous trouve bien audacieux !

LE PRINCE.
Mais le prince m'a dit qu'une des sœurs...

CLORINDE.
Une des sœurs ! En effet, nous en avons encore une, et c'est d'elle, sans doute, que Son Altesse a voulu vous parler; dans le fait, monsieur l'écuyer, elle vous conviendrait peut-être.

LE PRINCE.
Peut-être ?

CLORINDE.
Eh bien ! je vous permets d'aspirer à sa main, vous pouvez compter sur mon agrément... Mais conçoit-on une telle insolence ? est-il permis de se méconnaître ?... Adieu, monsieur l'écuyer.

(Elle sort.)

## SCÈNE IX.

### LE PRINCE, seul.

Il faut en convenir, jamais prince ne fut mieux traité ; que dis-je ? ce n'est pas le prince, c'est l'écuyer que l'on rebute. Que ces deux femmes sont vaines ! L'ambition, l'orgueil, voilà leur seul mobile... On va cependant proclamer qu'elles sont les plus belles, les plus aimables... et je le souffrirais !.. Mais, hélas ! dans la foule des femmes que cette fête attire à la cour, je n'en ai pas trouvé une seule qui daignât m'entendre... Toutes aspirent à la couronne d'un roi, aucune ne cherche à mériter le cœur d'un époux.

### ROMANCE.

PREMIER COUPLET.
O sexe aimable, mais trompeur,
Tu rends mon infortune extrême.
Faut-il renoncer au bonheur
De n'être aimé que pour soi-même ?
Ah ! s'il existe dans ces lieux
Femme sensible, aimable et belle,
Qu'elle se présente à mes yeux,
Mon cœur l'attend, ma voix l'appelle.

[illegible]
[illegible]
[illegible]

[illegible]

[illegible]